BEI GRIN MACHT SICH IHR
WISSEN BEZAHLT

- Wir veröffentlichen Ihre Hausarbeit,
  Bachelor- und Masterarbeit

- Ihr eigenes eBook und Buch -
  weltweit in allen wichtigen Shops

- Verdienen Sie an jedem Verkauf

Jetzt bei www.GRIN.com hochladen
und kostenlos publizieren

Bibliografische Information der Deutschen Nationalbibliothek:

Die Deutsche Bibliothek verzeichnet diese Publikation in der Deutschen National-
bibliografie; detaillierte bibliografische Daten sind im Internet über http://dnb.d-
nb.de/ abrufbar.

Impressum:

Copyright © 2019 GRIN Verlag
Druck und Bindung: Books on Demand GmbH, Norderstedt Germany
ISBN: 9783668958319

Dieses Buch bei GRIN:

https://www.grin.com/document/470274

Lukas Krüger

Inwiefern optimiert das Alex-Müller-Verfahren die innerparteiliche Demokratie?

Eine theoretische und empirische Betrachtung

GRIN Verlag

GRIN - Your knowledge has value

Der GRIN Verlag publiziert seit 1998 wissenschaftliche Arbeiten von Studenten, Hochschullehrern und anderen Akademikern als eBook und gedrucktes Buch. Die Verlagswebsite www.grin.com ist die ideale Plattform zur Veröffentlichung von Hausarbeiten, Abschlussarbeiten, wissenschaftlichen Aufsätzen, Dissertationen und Fachbüchern.

Besuchen Sie uns im Internet:

http://www.grin.com/

http://www.facebook.com/grincom

http://www.twitter.com/grin_com

Gymnasium Am Turmhof, Mechernich

Facharbeit im Fach Sozialwissenschaften/Wirtschaft

Kommen wir zum nächsten Tagesordnungspunkt

Inwiefern optimiert das Alex-Müller-Verfahren die
innerparteiliche Demokratie?
– eine theoretische und empirische Betrachtung –

Verfasst von
Lukas Krüger, Q1

Schuljahr: 2018/2019
Kurs: SW/1

Abgabedatum: 29. März 2019

Inhaltsverzeichnis

Einleitung

„Die Parteien wirken bei der politischen Willensbildung des Volkes mit. Ihre Gründung ist frei. Ihre innere Ordnung muß demokratischen Grundsätzen entsprechen."[1] Eine Partei in einem demokratischen Land, wie der Bundesrepublik Deutschland, muss also ebenfalls per Gesetz in ihren Strukturen demokratisch organisiert sein. Sollte eine Partei dagegen verstoßen, so kann sie verboten werden. Die Herrschaft des Volkes, was Demokratie übersetzt bedeutet, wird in einer Partei durch die Herrschaft der Parteimitglieder widergespiegelt. Eine Partei, die nach der höchsten demokratischen Legitimation strebt, muss ihre gesamten Entscheidungen, die der Parteivorstand im Namen der Partei trifft, durch die Mitglieder bestätigen lassen. Viele Parteien führen diese basisdemokratischen Entscheidungen schon seit einigen Jahren durch.

Ein Beispiel, das hohes mediales Aufsehen erregte, war die Entscheidung über eine mögliche Koalitionsbildung zwischen CDU/CSU und SPD nach der Bundestagswahl 2017. Die SPD entschied sich dazu, ihre Entscheidung über eine Fortführung der GroKo von ihren Mitgliedern bestätigen zu lassen, damit die getroffene Entscheidung legitim war. Auch die Piratenpartei, als Beispiel für eine Partei mit geringer bundespolitischer Bedeutung, nutzt seit mehreren Jahren basisdemokratische Methoden, wie die Liquid Democracy.

Auf ein in der FDP verbreitetes basisdemokratisches Instrument, das Alex-Müller-Verfahren, wird in dieser Facharbeit genauer eingegangen. Es wird kurz die rechtliche Grundlage innerparteilicher Demokratie sowie die Bedeutung dieser in einem demokratischen Land erläutert. Anschließend wird das Alex-Müller-Verfahren genauer erklärt und aus verschiedenen Blickwinkeln beleuchtet, um zu einem abschließenden Fazit zu gelangen. Einerseits dient diese Arbeit dem Informationsaspekt, andererseits als eine Abwägung von positiven sowie negativen Aspekten der innerparteilichen Demokratie am Beispiel eines Verfahrens.

Die Themenfindung gestaltete sich einfach, da ich selber FDP-Mitglied bin und somit häufiger mit dem Alex-Müller-Verfahren in Kontakt gekommen bin. Weil ich mir aber noch nie ein genaueres Bild über die Funktion, Entstehung, Ziel-

---

[1] Deutscher Bundestag: Grundgesetz für die Bundesrepublik Deutschland, Berlin, 2016, S. 28.

setzung und Zukunftssicherheit dieses Verfahrens gemacht habe, nahm ich diese Facharbeit als Anlass für eine detailliertere Erarbeitung des Themas.

Die Dimensionen innerparteilicher Demokratie

Wie bereits in der Einleitung erwähnt, müssen die Parteien in der Bundesrepublik laut Parteiengesetz den demokratischen Grundsätzen entsprechen. Nur eine Partei, in der selber Demokratie herrscht, kann in einem demokratischen Land gegründet werden. Die demokratisch legitimsten Entscheidungen müssen also von unten, aus der Basis heraus, getroffen werden. Dies nennt man auch partizipatorische Demokratie. Diese Vorstellung ist jedoch laut Politikexperten, wie Karl-Rudolf Korte, nur Wunschdenken und niemals in der Realität umsetzbar.[2] Die Vorstände treffen Entscheidungen im Namen der Parteimitglieder und vertreten diese nach außen. Sie erhalten dabei ihre Legitimation durch Wahlen auf Parteitagen oder in ähnlichen Gremien, in denen alle Mitglieder mitwirken können. Die Ausmaße und Bedeutung innerparteilicher Demokratie variieren von Partei zu Partei. In den meisten Parteien wirken die Mitglieder in den kleinen Orts- und Kreisverbänden nur sehr indirekt an der Willensbildung mit.[3] Es gibt jedoch Parteien, in denen Basisdemokratie einen enorm hohen Stellenwert besitzt.

In der CDU hatte die Basisdemokratie seit der Gründung im Jahre 1945 immer einen großen Stellenwert. Gerade in den letzten Jahren wurde immer wieder auf Basisdemokratie, besonders die mediengestützte, gesetzt, um dem Vorstand die nötige Legitimation einzuräumen.[4] Jedes Mitglied hat die Möglichkeit Anträge zu stellen, die in Zusammenarbeit mit dem Ortsverband entwickelt werden. Die Anträge werden dann in verschieden Gremien besprochen und erreichen eventuell den Bundesverband und erreichen dadurch eine große Tragweite.[5]

---

[2] Vgl. Korte, Karl-Rudolf: So entscheiden Parteien: Umfeld-Bedingungen innerparteilicher Partizipation. In: Treibel, Jan (Hrsg.): Wie entscheiden Parteien?, Baden-Baden, 2012, S. 280.

[3] Vgl. Treibel, Jan: Die FDP: Entscheidungsprozesse zwischen hierarchischer Führung, Konsenssuche und Mehrheitsentscheidungen. In : Treibel, Jan (Hrsg.): a.a.O., S. 167.

[4] Vgl. D´Antonio, Oliver und Werwarth, Christian: Die CDU: Innerparteiliche Willensbildung zwischen Gremienarbeit und Grauzone. In: Treibel, Jan (Hrsg.): a.a.O., S. 35.

[5] Vgl. D´Antonio, Oliver und Werwarth, Christian: a.a.O. In: Treibel, Jan (Hrsg.): a.a.O., S. 41.

In der Piratenpartei werden viele Entscheidungen durch die Basis getroffen, sodass der Vorstand als politisches Führungsgremium zurücktritt.[6] So haben die Berliner Piraten ihr Grundsatzprogramm komplett aus der Basis heraus entschieden und gestaltet. Hilfreich sind dabei computergestützte Verfahren, wie z.B. das LiquidFeedback.

Bei Bündnis 90/Die Grünen findet die Urwahl vor den Bundestagswahlen Verwendung. Dabei werden die Spitzenkandidaten für die kommende Wahl aufgestellt. Jeder, der die Voraussetzungen erfüllt, kann sich auf diesen Posten bewerben. Die Basis wählt aus den Bewerbern ihren Spitzenkandidaten bzw. das Spitzenduo, wie es vor der Bundestagswahl 2017 der Fall war.[7]

Ein Beispiel das hohes mediales Aufsehen erregte, war die Mitgliederbefragung der SPD, die in der Einleitung bereits erwähnt wurde. Die SPD entschied sich, ihre Mitglieder über eine Fortführung der GroKo abstimmen zu lassen. Alle Mitglieder der Partei wurden nach ihrer Meinung gefragt, damit der Parteivorstand seine Entscheidung demokratisch legitimieren konnte. In der SPD genießen Mitgliederbefragungen einen hohen Stellenwert und finden häufiger Verwendung.

In der FDP findet die Basisdemokratie momentan vor allem auf Parteitagen und deren Vorbereitung Anwendung. Auch Mitgliederbefragungen waren in vergangenen Jahren häufiger der Fall. Bei den Briefwahlen, die vor dem digitalen Zeitalter durchgeführt wurde, wurden Mitglieder zu ihrer Meinung befragt und konnten an Beschlusslagen mitwirken. Dafür musste sich jedoch ein Drittel der Mitglieder an der Briefwahl beteiligen.[8] In den letzten Jahren warb die FDP häufiger mit der Direktwahl des Bundespräsidenten, ein weiteres Zeichen für Basisdemokratie. Auch wenn es sich bei dieser Wahl nicht um innerparteiliche Demokratie handelt, so ist doch der Ansatz zu erkennen, dass so viele Menschen wie möglich an politischen Entscheidungen mitwirken sollen, um die Legitimation zu steigern.

---

[6] Vgl. Odenbach, Jan: Partei, Netz, Netzpartei, Wiesbaden, 2012, S. 102.

[7] Vgl. https://www.gruene.de/ueber-uns/urwahl/fragen-und-antworten-zur-urwahl.html letzter Abruf: 26.03.2019

[8] Vgl. Becker, Bernd: Mitgliederbeteiligung und innerparteiliche Demokratie in britischen Parteien – Modelle für die deutschen Parteien?, Baden-Baden, 1999, S. 168.

Auch wenn die Basisdemokratie so unterschiedlich ausfallen kann, ist sie in jeder Partei verankert. Die Mitglieder müssen am politischen Diskurs beteiligt sein, da eine jede Partei von ihren Mitgliedern lebt.

Das Alex-Müller-Verfahren

Parteitage sind mit eins der wichtigsten Entscheidungsgremien im politischen Leben und ebenfalls ein Zeichen der Basisdemokratie. Die Mitglieder stimmen hier über Vorschläge ab oder werden über aktuelle politische Geschehnisse informiert. Die Debatte über Anträge, die jedes Mitglied bzw. jede Gliederung stellen kann, steht meist im Vordergrund eines jeden Parteitages. Da nicht jeder Antrag debattiert werden kann, muss vorher ausgewählt werden, welche Anträge in welcher Reihenfolge auf die Tagesordnung gesetzt werden. Diese Aufgabe oblag bislang einer Antragskommission, die darüber im Vorfeld der Parteitage entschied. Der Wille der Mitglieder war dabei nicht immer zwingend entscheidend. Vor allem Anträge, die ein großes und positives Presseecho hervorrufen, werden oben auf der Tagesordnung platziert, damit diese auf jeden Fall zur Debatte gestellt werden. Teilweise kam es dazu, dass Anträge aus Zeitgründen zurückgestellt wurden oder von der Kommission schlichtweg als belanglos empfunden wurden. Nicht selten waren die Parteitage daher von zeitraubenden Geschäftsordnungsdebatten geprägt, da die Versammlungs-mitglieder mit der Entscheidung der Kommission nicht einverstanden waren. Um für dieses Problem eine Lösung zu schaffen und die Basisdemokratie zu stärken, entwickelte Alexander Müller, der seit 2017 Mitglied des Bundestages ist, im Jahre 1993 das nach ihm benannte Verfahren. Da neue Verfahren nicht sofort in der ganzen Partei verbreitet und verwendet werden, dauerte es einige Jahre bis dieses auch auf Bundesebenen genutzt wurde. In einem Te-lefoninterview erklärte er dem Verfasser die genaue Zielsetzung seines Ver-fahrens und die Entstehungsgeschichte, welche ebenfalls auf seiner Website nachzulesen ist.[9]

Der Ansatz Müllers war es, die Basisdemokratie in der Partei zu stärken und die oft zeitintensiven Geschäftsordnungsdebatten zu umgehen. Als er 1990 in die JuLis, die Jugendorganisation der FDP, eintrat, erkannte er dieses Prob-

---

[9] Vgl. http://www.a-m-i.de/alexmuellerverfahren.php
letzter Abruf: 26.03.19

lem sofort. Gerade für seinen programmatisch sehr aktiven Kreisverband waren die Entscheidungen der Antragskommission häufig sehr ernüchternd. Er erkannte ebenfalls, dass auf Parteitagen ein Teil der Zeit mit Anwesenheitskontrolle und Begrüßungsreden gefüllt wird und diese Zeit deutlich besser nutzbar ist. Getrieben von den zahlreichen Antragszurückstellungen stellte er sich die Frage, warum man nicht die Mitglieder über die Antragsreihenfolge abstimmen lässt. Der Grundgedanke für sein Verfahren war geboren. Das Verfahren ist simpel gehalten, so kann jedes Mitglied der Versammlung den von ihm favorisierten Anträgen eine Stimme geben. Die Anzahl der Stimmen ist dabei von Versammlung zu Versammlung unterschiedlich. Je nach vorhandener Zeit werden dann die Anträge mit den meisten Stimmen debattiert.

Das Verfahren fand erstmals auf dem Parteitag der JuLis Rheinland-Pfalz am 24. und 25. April 1993 in Worms Verwendung. Es gab damals einige kritische Stimmen aus den Reihen des Landesvorstands, die sich gegen das Verfahren aussprachen. Überzeugt wurden die Kritiker schließlich von den wegfallenden Geschäftsordnungsdebatten, die auch sie immer viel Zeit und Mühe gekostet haben. Am 30. Oktober 1993 wurde das Verfahren zum ersten Mal urkundlich mit Namen versehen. Da es keinen Namen oder Namensvorschläge gab, wurde es schlichtweg, vom damaligen Protokollführer, nach seinem Erfinder benannt und ist seither als Alex-Müller-Verfahren bzw. Dr.-Alex-Müller-Verfahren bekannt.

Das Verfahren entwickelte sich mehr und mehr zum Selbstläufer und so stimmten bald schon andere Verbände der JuLis mit diesem Verfahren über die Antragsreihenfolge ab. Es gab jedoch immer noch einige kritische Stimmen, auch aus der Bundespartei und dem Bundesvorstand. Alexander Müller wendete sich 1995 im Rahmen der Aktion Gelbe Karte, bei der Mitglieder ihre Frage, Wünsche und Anregungen an den FDP-Vorstand anbringen konnten, an den damaligen Generalsekretär Guido Westerwelle. Westerwelle zeigte sich nicht überzeugt von Müllers Verfahren, da er es für zu zeitaufwendig und nicht zielorientiert hielt. Eine Antragskommission war in seinen Augen die deutlich bessere Lösung, da diese effizienter und sachlich orientiert arbeitet. Guido Westerwelle erkannte aber die Problemstellung mit der sich Müller auseinander gesetzt hat und war ebenfalls der Meinung, dass das Problem der Geschäftsordnungsdebatten wegen zurückgestellten Anträgen schnellstmöglich zu lösen sei.

Wie schon erwähnt wurde das Verfahren schnell zu einem Selbstläufer und wird seither auch in den verschiedenen Gliederungen der FDP als Abstimmungsverfahren verwendet. Als erster Verband führte die Kölner FDP das Verfahren im Jahre 2006 ein. Schnell erreichte dieses auch die Bundespartei und findet seither Verwendung auf Parteitagen und trifft dort ebenfalls auf durchweg positive Resonanz.

Auch andere Parteien zeigen sich überzeugt von dem Verfahren. Die Piratenpartei verwendet es, unter Beibehaltung des Namens, heutzutage ebenfalls zur Festlegung der Antragsreihenfolge. Dazu wurde das Verfahren modifiziert und seither computergestützt verwendet. Auch die FDP stellt derzeit Überlegungen zu einem Alex-Müller-Verfahren 2.0 an, das onlinebasiert ablaufen soll. Die Zeitersparnis auf Parteitagen und Flexibilität der Mitglieder ließe sich so nochmals um ein Vielfaches steigern. Gerade für die FDP, die den digitalen Fortschritt in ihrem Grundsatzprogramm verankert hat und auch in Wahlkämpfen den Fokus auf dieses Thema lenkt, eine gute und angemessene Überlegung. Die Jugendorganisation hat diesen Schritt bereits vollbracht und stimmt seither online über die Anträge ab. Auch Anträge können bereits online eingereicht werden, wodurch die Organisation der Versammlungen deutlich erleichtert wird.

Laut Müllers derzeitigem Kenntnisstand gibt es in der Hamburger SPD Bemühung das Verfahren auch dort zu etablieren.[10] Somit gibt es auch in den großen Volksparteien positive Resonanz. Ideen aus den kleinen Oppositionsparteien stoßen nicht immer auf solche Zustimmung.

Man erkennt also, dass Bestrebungen, auch parteiübergreifend, vorhanden sind und, dass das Verfahren durchaus als positiv angenommen wird. Alle Parteien in einem demokratischen Land streben nach mehr basisdemokratischen Entscheidungen und wollen das Mitspracherecht ihrer Mitglieder steigern. Auch wenn das Verfahren in der Zukunft eventuell verändert wird, stößt der Grundgedanke jedoch auf Zustimmung. Es zeigt sich die Vielfalt der Parteienlandschaft, die sich in solchen Punkten ergänzen kann und von den Ideen anderer profitiert, denn keine Partei kann auf Dauer vollkommen isoliert arbeiten oder regieren und ist auf Partner angewiesen. Dieser Austausch ist für unser Leben und die politische Arbeit der Parteien unverzichtbar. Gerade

---

[10] Vgl. Telefoninterview mit Alexander Müller vom 18.02.2019

bei Koalitionsbildungen sieht man dies immer wieder, da sich hier die Partner gegenseitig ergänzen müssen, um ihre Macht zu sichern und einen Staat zu regieren.

Bewertung und Kritik am Verfahren

Auch wenn die Resonanz auf das Verfahren heutzutage häufig positiv ist, gibt es einige Kritikpunkte, die angebracht werden können.

Obwohl die Mitglieder bei dem Verfahren vollkommen frei entscheiden können welche Anträge sie wählen, gehört es zur guten Sitte dem Antrag der Landes- oder Bundesprogrammatiker eine Stimme zu geben. Dieser Leitantrag, der unter dem Motto des Parteitages steht, wird häufig bereits Wochen im Voraus akribisch geplant. Da in diesen Antrag viel Zeit und Mühe gesteckt werden, erhält er häufig die meisten Stimmen. Jedes Mitglied ist zwar frei in seiner Wahl, allerdings wird aus Höflichkeit ein Teil dieser Freiheit abgetreten. Es ist jedoch durchaus verständlich, dass der Leitantrag nach oben gewählt wird, da dieser häufig großes Potential für politische Debatten trägt. Von diesen leben ein Parteitag und schließlich die gesamte Partei.

Ein weiterer Punkt, der als Kritik angebracht werden kann, ist die Repräsentation der Versammlungsmitglieder. Grundsätzlich kann jedes Mitglied über die Antragsreihenfolge abstimmen, auch wenn es nicht an der Versammlung teilnimmt. Basisdemokratie schließt immer die Gesamtheit der Parteimitglieder ein, sodass auch alle von ihnen wählen dürfen. Auch die Freiheit und Gleichberechtigung sprechen für ein Wahlrecht für alle Mitglieder, welche grundsätzlich auf Parteitagen ein Teilnahmerecht haben und sich somit an diesem beteiligen können.[11] Zu hoffen ist, dass Personen, die nicht an der Versammlung teilnehmen, Anträge nicht nur nach Lust und Laune wählen, sondern nach wirklichem Interesse. Um den Kritikpunkt der mangelnden Tragweite für die, die nicht an der Versammlung teilnehmen, zu entkräften, kann man zudem noch anbringen, dass beschlossene Anträge, gerade wenn sie Parteiinterna betreffen, für alle Mitglieder Tragweite besitzen. Grundsätzlich sollte jedes Mitglied der Partei an der Formung der politischen Ausrichtung dieser beteiligt sein.

---

[11] https://www.fdp.de/sites/default/files/uploads/2018/10/25/satzung-komplett-2018.pdf
Letzter Abruf: 26.03.2019

Ein weiter Kritikpunkt ist die mangelnde Beteiligung. Gerade wenn das Verfahren online durchgeführt wird, kann man nicht alle Mitglieder zu einer Stimmabgabe bringen. Jedoch ist es die freie Entscheidung der Mitglieder, ob sie wählen möchten oder nicht. Es bleibt einzig die Möglichkeit an die Mitglieder zu appellieren, mehr Partizipation zu zeigen. Im Vorfeld von Parteitagen wird immer wieder auf die Teilnahme am Verfahren hingewiesen. Viele Mitglieder nutzen jedoch die Chance, um ihre Meinung deutlich zu machen.

Grundsätzlich bleibt jedoch zu sagen, dass das Verfahren seine Zielsetzung erfüllt hat. Die Basisdemokratie in der Partei wurde um ein Vielfaches gesteigert. Die Mitglieder fühlen sich nun in der Partei deutlich stärker repräsentiert. Auch Parteitage, die eins der wichtigsten Mitbestimmungsorgane für Mitglieder sind, werden nun für diese ansprechender gestaltet. Das Verfahren zeigt dabei anschaulich, wie eine einfache Lösung viel bewegen kann und die Demokratie, inner- und außerparteilich, nachhaltig stärkt.

Eigene Bewertung des Verfahrens

Bezogen zur Fragestellung hält der Verfasser das Verfahren für eine gelungene und weittragende Optimierung der innerparteilichen Demokratie. Auch wenn es von Entwicklung des Verfahrens bis zur heutigen Verwendung einige Jahre gedauert hat, wurde die Basisdemokratie nachhaltig gestärkt.

Einige der angemerkten Kritikpunkte erschienen für nachvollziehbar, allerdings beschränken sich diese nicht auf das Verfahren an sich, sondern auf den Umgang durch die Mitglieder. Alle Kritikpunkte können mit einfachen Mitteln beseitig werden. Gravierende Einschnitte oder Behinderungen der Basisdemokratie sieht der Verfasser nicht.

Sicherlich wird sich das Verfahren in den kommenden Jahren ändern, mindestens im Rahmen der Digitalisierung. Diese Veränderung halte ich in unserem modernen Zeitalter für sinnvoll und sehe in ihr, gerade für die FDP, einen Schritt in die richtige Richtung. Auch die Übernahme von anderen Parteien, die das Verfahren dann eventuell unter seinem Namen weiterverwenden, halte ich durchaus für realistisch. Basisdemokratische Defizite lassen sich mit Sicherheit in jeder Partei finden, auch wenn diese nicht immer zugeben werden. Besonders bezeichnend finde ich, dass auch die SPD in Hamburg das

Verfahren etablieren möchte. Dadurch zeigt sich, dass auch Ideen aus kleinen Parteien durchaus viel erreichen können. Auch wenn die SPD in den letzten Jahren keine Koalition mit der FDP bildete, scheint durchaus gegenseitiger Respekt vorhanden zu sein. In einem demokratischen Land sollten die Parteien zusammenarbeiten, um die Bürgerinnen und Bürger bestmöglich zu repräsentieren. Ich halte das Verfahren für durchaus zukunftssicher, da es eine einfache Lösung ist, die Basisdemokratie zu stärken und sich schon in der Partei etabliert hat und so schlecht rückgängig zu machen ist. Gerade wenn es sich um Verfahren handelt, die die Legitimation sichern. Ein Parteivorstand und eine Regierung streben immer nach der höchsten Legitimation, die sie nur durch die Parteimitglieder bzw. Wählerinnen und Wähler erhalten können.

Aufgrund der Einfachheit des Verfahrens sieht der Verfasser kaum Verbesserungspotential, ausgenommen ist hierbei die Digitalisierung. Die Einfachheit ist dabei keineswegs negativ zu bewerten, es wird dadurch jedoch deutlich gemacht, dass es nicht immer bezahlte Berater und monatelange Verhandlungen braucht, um Konzepte zu entwickeln, die Parteien nachhaltig gut tun. Das Verfahren hat sich in den letzten Jahren immer wieder behauptet und konnte auch Kritiker umstimmen.

Fazit

Zusammenfassend lässt sich sagen, dass das Verfahren eine deutliche Steigerung der innerparteilichen Demokratie und der Basisdemokratie darstellt. Die Legitimation des Parteivorstandes wird gesteigert und auch die Mitgliederbeteiligung nachhaltig gestärkt. Die Wünsche und Anregungen der Mitglieder besitzen für jede Partei einen enorm hohen Stellenwert. Wie die Berücksichtigung dabei ausfallen kann, ist, wie die Vielfalt der politischen Einstellungen und Parteien, sehr breit gefächert. Alle Parteien erfüllen so ihren per Gesetz definierten Auftrag und tragen zur demokratischen Willensbildung bei. Der eigenen, innerparteilichen Demokratie sollte daher in jeder Partei Rechnung getragen werden. Die Mitglieder zu übergehen und ihre Meinung nicht zu respektieren ist einer der drastischsten Fehler, die eine Parteiführung begehen kann. Auswirkungen sind Parteiaustritte und sinkende Wahlergebnisse. In der Vergangenheit gab es genug Beispiele, die dies gezeigt haben.

Um die Basisdemokratie in ihren Parteien zu stärken gab es in den letzten Jahren immer wieder verschieden Überlegungen und Ansätzen in den Parteien. Eine Möglichkeit, das Alex-Müller-Verfahren, wurde in dieser Facharbeit betrachtet. Alexander Müller zeigte, dass sich auch junge Menschen in einer Partei engagieren können und ihre politischen Meinungen kundtun können. Auch wenn es häufig Kritik gab, blieb Alexander Müller standhaft und hat sein Ziel, die Stärkung der Basisdemokratie, letztendlich erreicht. Die Wichtigkeit der Mitglieder, die die Basis bilden, wurde durch ihn nochmals auf anschauliche Art und Weise hervorgehoben.

Das Verfahren wird sich sicherlich in kommenden Jahren verändern, allerdings bleibt der Ursprungsgedanke erhalten. Eine Steigerung der Basisdemokratie rückgängig zu machen, ist für keine Partei erstrebenswert.

Empirisch erkennt man die deutlich positive Resonanz. Viele Mitglieder zeigen sich mittlerweile überzeugt von dem Verfahren. Dies ist am derzeitigen Sachstand zweifelsfrei zu belegen. Auch die Übernahme durch andere Parteien zeigt dies deutlich. Das Verfahren war eine Lösung, die im kleine gestartet hatte und sich immer weiter ausweitete.

Theoretisch betrachtet gibt es sicherlich noch kleine Verbesserungen, die vorgenommen werden können. Auf die Zukunft betrachtet wird das Verfahren sicherlich weiterhin Verwendung, eventuell auch in weitern Parteien, finden. Die durchaus überzeugten Mitglieder, auch über Parteigrenzen hinweg, sprechen sichtlich dafür.

Verfahren, wie das Alex-Müller-Verfahren, helfen dabei, die Legitimation um ein Vielfaches zu steigern und die Basisdemokratie in den Parteien nachhaltig zu verbessern. Die Mitglieder einer Partei sollen und müssen mitbestimmen und ihre Meinung sowie Kritik und Lob frei sagen können. Dieses Recht ist in unserem Grundgesetz, in den unveränderlichen Grundrechten, verankert und sollte verbindlich auf der gesamten Welt gelten, was jedoch nicht in jedem Land der Fall ist. Alle Menschen, gerade die Mitglieder der Parteien, sollen am Großteil des politischen Lebens und der politischen Entscheidungsfindung in unserem Land beteiligt sein. Eine Demokratie und ein demokratisches Land leben von den Menschen, die dort leben und sich täglich, egal ob im Großen oder im Kleinen, engagieren.

Abkürzungsverzeichnis

a.a.O. am angegebenen Orte

CDU Christlich Demokratische Union Deutschlands

CSU Christlich-Soziale Union in Bayern

FDP Freie Demokratische Partei

JuLis Junge Liberale

MdB Mitglied des Bundestages

SPD Sozialdemokratische Partei Deutschlands

z.B. zum Beispiel

Literatur- und Quellenverzeichnis

Becker, Bernd: Mitgliederbeteiligung und innerparteiliche Demokratie in britischen Parteien – Modelle für die deutschen Parteien?, Baden-Baden, 1999

D´Antonio, Oliver und Werwarth, Christian: Die CDU: Innerparteiliche Willensbildung zwischen Gremienarbeit und Grauzone. In: Treibel, Jan (Hrsg.): Wie entscheiden Parteien?, Baden-Baden, 2012

Deutscher Bundestag: Grundgesetz für die Bundesrepublik Deutschland, Berlin, 2016

Korte, Karl-Rudolf: So entscheiden Parteien: Umfeld-Bedingungen innerparteilicher Partizipation. In: Treibel, Jan (Hrsg.): Wie entscheiden Parteien?, Baden-Baden, 2012

Odenbach, Jan: Partei, Netz, Netzpartei, Wiesbaden, 2012

Treibel, Jan: Die FDP: Entscheidungsprozesse zwischen hierarchischer Führung, Konsenssuche und Mehrheitsentscheidungen. In: Treibel, Jan (Hrsg.): Wie entscheiden Parteien?, Baden-Baden, 2012

Sonstige Quellen

http://a-m-i.de/alexmuellerverfahren.php
Letzter Abruf: 26.03.2019

https://www.gruene.de/ueber-uns/urwahl/fragen-und-antworten-zur-urwahl.html
Letzter Abruf: 26.03.2019

https://www.fdp.de/files/363/Bundessatzung.pdf
Letzter Abruf: 26.03.2019

Telefoninterview des Verfassers mit Alexander Müller, MdB
Geführt am: 18.02.2019

Anhang

18.02.2019 Interview A. Müller

basisdemokratisch
↳ jede Einzelne darf mit Abstimmen

→ zuvor Antragskommission
↳ Parteivorstand
↳ Idee: „Was will ich morgen
    in der Zeitung lesen"
→ Mitglieder wählen anders
    ↳ was ihnen auf dem Herzen
        liegt

- Debatten über Anträge
- zuvor Antragszurückstellung
→ ob nun können Anträge ge-
    wählt werden

→ heute keine Diskussionen
    mehr über Rehonkdge
    ↳ keine Geschäfts-debatten

1993 Delis
2006 FDP Nacn

I.   Notizen zum Interview mit Alexander Müller MdB (Seite 1)

- Prolonparte natzung
- Homburger SPD
  ↳ Durchsetzung
- Bestrebungen durchaus möglich

Alex - Müller 2.0
↳ online

II.   Notizen zum Interview mit Alexander Müller MdB (Seite 2)

BEI GRIN MACHT SICH IHR WISSEN BEZAHLT

- Wir veröffentlichen Ihre Hausarbeit,
  Bachelor- und Masterarbeit

- Ihr eigenes eBook und Buch -
  weltweit in allen wichtigen Shops

- Verdienen Sie an jedem Verkauf

Jetzt bei www.GRIN.com hochladen
und kostenlos publizieren